Kristin Retzlaff

Psychoanalytische und lerntheoretische Erklärung der Angstentstehung

GRIN Verlag

Bibliografische Information der Deutschen Nationalbibliothek:

Die Deutsche Bibliothek verzeichnet diese Publikation in der Deutschen National-
bibliografie; detaillierte bibliografische Daten sind im Internet über http://dnb.d-
nb.de/ abrufbar.

Impressum:

Copyright © 2002 GRIN Verlag GmbH
Druck und Bindung: Books on Demand GmbH, Norderstedt Germany
ISBN: 978-3-640-40179-6

Dieses Buch bei GRIN:

http://www.grin.com/de/e-book/8025/psychoanalytische-und-lerntheoretische-
erklaerung-der-angstentstehung

GRIN - Your knowledge has value

Der GRIN Verlag publiziert seit 1998 wissenschaftliche Arbeiten von Studenten, Hochschullehrern und anderen Akademikern als eBook und gedrucktes Buch. Die Verlagswebsite www.grin.com ist die ideale Plattform zur Veröffentlichung von Hausarbeiten, Abschlussarbeiten, wissenschaftlichen Aufsätzen, Dissertationen und Fachbüchern.

Besuchen Sie uns im Internet:

http://www.grin.com/

http://www.facebook.com/grincom

http://www.twitter.com/grin_com

Otto-v.-Guericke-Universität Magdeburg
Fakultät für Geistes,- Sozial- und Erziehungswissenschaft
Institut für Sportwissenschaft
Veranstaltung: Angst im Schulsport
Referenten: Kristin Retzlaff/Dirk Krause
Datum: 28.10.2002

Thema: Psychoanalytische und lerntheoretische Erklärung der Angstentstehung

Gliederung:

1   Einleitung – Angst

- Gefühle oder Emotionen sind miteinander eng verknüpfte innerorganis-
mische Vorgänge; sie treten auf, wenn Veränderungen in der Mensch-
Umwelt-Beziehung widergespiegelt werden

- es sind also Erlebnisse, die positiv und angenehm (z. B. Freude, Lust)
oder negativ und unangenehm (z. B. Angst, Traurigkeit) sein können

- von früher Kindheit an bis ins hohe Alter erlebt jeder Mensch vielfältige
Ängste – Angst, etwas Wichtiges zu verpassen, treibt uns voran, Angst
vor möglichen Gefahren hält uns zurück

- unsere Aufgabe ist es nun, genauer zu erkennen, welche Rolle die Angst
im menschlichen Leben spielt, wie sie zustande kommt und sich weiter-
entwickelt

- dann erst können wir lernen, Ängste schöpferisch zu verarbeiten und zu
meistern

2   Psychoanalyse – Grundannahmen

- Begründer war Freud (1856-1939)

- Lebensdaten

- die Psychoanalyse hat wenigstens drei Bedeutungen

  1. sie bezeichnet eine psychologische Methode, speziell ein Verfahren
  zur Untersuchung psychischer Vorgänge wie Träumen, Handlungen,
  Reden und Wahrnehmungen

  2. sie bezeichnet eine bestimmte Form der Psychotherapie – Methode
  zur Behandlung psychischer Störungen

  3. sie bezeichnet ein ganzes System von psychologischen und psycho-
  pathologischen Theorien von Freud, durch die die Ergebnisse der Un-
  tersuchungsmethoden und der psychotherapeutischen Methoden sys-
  tematisiert wurden

- Freud benutzte im wesentlichen 3 Informationsquellen:

  1. klinisches Fallmaterial

  2. autobiographisches Material

3. Erscheinungsweisen, Verhaltensweisen aus alltäglichen Beobachtungen, aus Sprichwörtern, Mythen, Märchen, Liedern, klassischer Dichtung, Trivialliteratur

2.1 Triebe

- die Quelle der Motivation menschlicher Handlungen wird psychischer Energie, der sog. **Libido** zugeschrieben

- diese Energiequellen sind Triebe, die unbewusst in jedem von uns schlummern, einesteils erblich und angeboren, anderenteils verdrängt und erworben

- es ist sozusagen als der emotionale Haushalt des Menschen zu verstehen; dieser beinhaltet widersprüchliche Triebregungen, Wünsche, Liebesbedürfnisse, Sehnsüchte, die als Kräfte in uns gedacht werden können

- die Triebstruktur des Menschen beinhaltet zwei Grundtriebarten, nämlich der Lebenstrieb und der Todestrieb

- der Lebenstrieb (Eros) beinhaltet Energien zum Eingehen von Bindungen (Sexualität, Zärtlichkeit, Liebe, Zuneigung, Sympathie), die gegenüber einem anderen Menschen empfunden wird

- der Todestrieb (Thanatos) ist diejenige Energie, die am Werke ist, wenn Aggression oder Hass durchbricht; damit ist die Energie der Zerstörung, der Destruktion gemeint; sie ist aber auch dann im Spiel, wenn wir andere Menschen ablehnen, wenn wir uns abgrenzen oder andere ausgrenzen; es ist die Kraft der Ablehnung, der Verneinung

- neben diesen beiden Grundtrieben gibt es weiterhin den Sexualtrieb, den Selbsterhaltungstrieb, den Aggressionstrieb

2.2 1. Topisches Modell (Schichtenmodell)

Grundaussagen: es gibt drei Ebenen:

das Bewusste – das Vorbewusste – das Unbewusste

- <u>Bewusst</u> sind alle diejenigen Gedanken, Vorstellungen und Wahrnehmungen, die eine Person bemerkt und zu denen sie unmittelbaren Zugang hat

- <u>Vorbewusst</u> sind alle seelischen Vorgänge, um die wir nicht spontan wissen, die jedoch aufgrund einer Bemühung dem Bewusstsein wieder relativ voll zugänglich gemacht werden kann

- *Beziehung zwischen Vorbewusstsein und Bewusstsein:*

  - ❖ jeder Gedanke, der ins Bewusstsein tritt, war unmittelbar davor noch nicht präsent und verschwindet früher oder später wieder aus dem Bewusstsein;

  - ❖ er befindet sich somit vorher und nachher im Vorbewussten und lässt sich von da jederzeit mit mehr oder weniger großer Willensanstrengung oder Verschiebung der Aufmerksamkeit ins Bewusstsein holen

- <u>Unbewusst:</u>

  - ❖ sind seelische Vorgänge, um die wir nicht bzw. nicht mehr wissen, die aber immer wieder in das Bewusstsein drängen und unser Erleben und Verhalten in einem nicht unerheblichen Maße bestimmen;

  - ❖ Inhalte können nicht durch Willensanstrengungen, sondern nur unter ganz bestimmten Bedingungen ins Bewusstsein geholt werden;

  - ❖ dabei handelt es sich um Erlebnisse, Gefühle und Wünsche, die als beschämend oder bedrohlich erlebt wurden

- zum 1. topischen Modell gehört der Begriff der **Verdrängung**: dies bedeutet, das psychische Anteile aus dem Bewusstsein herausgedrängt und in das Vorbewusste oder sogar in das Unbewusste gedrängt und dort über sogenannte Gegenbesetzungen gehalten werden

- z. B. Erinnerungen an ein traumatisches Ereignis oder an eine Handlung, in die ich schuldhaft verstrickt war

- Verdrängung gehört zu einer normalen menschlichen Entwicklung; wer die Fähigkeit, zu verdrängen, nicht beherrscht, ist nicht lebensfähig

- daraus folgt aber nicht, das der am besten lebt, der am meisten verdrängt, sondern vielmehr gilt: wenn ein bestimmtes Maß an Verdrängung überschritten wird, muss viel Energie für die sogenannte Gegenbesetzung aufgewandt werden, um das Verdrängte in der Verdrängung zu behalten

- wenn ich viel Energie aufbringen muss, um Gegenbesetzungen auf-
rechtzuerhalten, habe ich weniger Energie für mein aktives Leben zur
Verfügung – meine Liebes- und Arbeitsfähigkeit wird eingeschränkt

2.3 2. Topisches Modell (Instanzenmodell)

- Freud unterscheidet in diesem Persönlichkeitsmodell drei Instanzen,
durch die er die Erlebens- und Verhaltensweisen eines Individuums erklärt:

das ES – das ICH – das ÜBER-ICH

- sie repräsentieren verschiedene Teilaspekte der Persönlichkeit und ste-
hen miteinander in enger Wechselbeziehung

- die Dynamik und Gesamtheit der Beziehungen zwischen den drei Instanzen macht nach Freud die Persönlichkeit des Menschen aus

Das ES

- ❖ ist die elementarste Schicht; sie ist ab dem 1. Lebenstag vorhanden
und beinhaltet alle Triebe, Wünsche und Bedürfnisse eines Individuums

- ❖ im ES gelten keine Gesetze des logischen Denkens

- ❖ <u>die Impulse drängen rücksichtslos nach außen und wollen befriedigt
werden</u>, egal ob dieses Ziel realisierbar oder moralisch annehmbar ist

- ❖ das ES arbeitet nach dem Lustprinzip, also sofortige und totale Triebbefriedigung ohne Rücksicht auf Verluste zu erreichen sowie
Schmerz und Unbehagen zu vermeiden

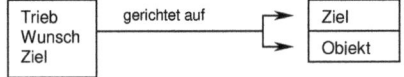

- ❖ das Lustprinzip ist entweder ziel- oder objektgerichtet

Das ICH

- ❖ ist die Instanz des bewussten Lebens, die die bewusste Auseinan-
dersetzung mit der Realität leistet

- ❖ die Aufgabe des ICH besteht darin, die Wünsche des ES zum Aus-
druck zu bringen und im Einklang mit der Realität zu befriedigen

* es vermittelt sozusagen zwischen den Wünschen des ES und den Anforderungen der Außenwelt

* das ICH arbeitet nach dem Realitätsprinzip – die Triebbefriedigung wird bis zu einem günstigen Zeitpunkt aufgeschoben, an dem ein Maximum an Vergnügen mit den geringst möglichen negativen Konsequenzen oder Schmerzen verknüpft ist

* bei der Realitätsprüfung helfen ICH-Funktionen wie Gedächtnis, Wahrnehmung, Beherrschung des Bewegungsapparates, Denken, Sprechen oder Beurteilen

Das ÜBER-ICH

* ist diejenige Instanz, welche die Wert- und Normvorstellungen einer Gesellschaft umfasst und das Verhalten und Handeln des ICH's im Sinne der geltenden Moral führt

* ist das Gewissen, das das Verhalten insofern kontrolliert, als es Belohnung für „gutes" und Bestrafung für „schlechtes" Verhalten verspricht

* die Aufgabe des ÜBER-ICHs besteht also darin, unser Verhalten, aber auch unsere Wünsche und Gedanken an den verinnerlichten Normen zu prüfen

* es missbilligt und bestraft, was diesen Normen nicht entspricht (Gewissensbisse, Schuldgefühle) und billigt und belohnt, was diesen Normen entspricht (Stolz, Eigenliebe)

* das ÜBER-ICH vertritt das Moralitätsprinzip; es bewertet die Triebwünsche, ob sie zugelassen werden oder nicht

2.4 Zusammenspiel der beiden topischen Modelle

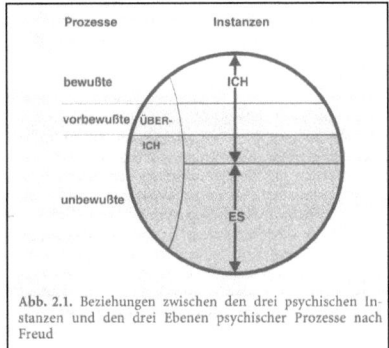

Abb. 2.1. Beziehungen zwischen den drei psychischen Instanzen und den drei Ebenen psychischer Prozesse nach Freud

Abb. aus: ASENDORPF (1998, 16)

❖ das Wechselspiel zwischen den Wünschen des ES, den moralischen Bewertungen des ÜBER-ICHs, den Anforderungen der Realität und den Vermittlungs- und Anpassungsleistungen des ICHs bewirken die Dynamik der Persönlichkeit; dementsprechend verhält sich eine Person in bestimmten Situationen charakteristisch

❖ das ES bringt bestimmte Wünsche oder Bedürfnisse an, die vom ÜBER-ICH bewertet werden und das ICH versucht, zwischen beiden zu vermitteln und überprüft die Realität danach, ob Befriedigung möglich ist oder nicht

❖ nicht zugelassene Wünsche müssen vom ICH abgewehrt, „unbewusst" gemacht, verdrängt werden

2.5 Angstentstehung

▪ die Ursachen der Angst sind einerseits in persönlichen Faktoren zu suchen (z. B. im Grad der Ängstlichkeit) andererseits in der Umwelt (Hinweisreize)

▪ Angst stellt einen ICH-Zustand dar, der als beklemmend, bedrückend und als unangenehm empfunden wird

▪ dieser ICH-Zustand wird in der Regel durch gedankliche Vorwegnahme der Nicht-Bewältigung einer bestimmten Situation ausgelöst und deshalb als bedrohlich erlebt

7

- es handelt sich dabei grundsätzlich um ein subjektives Erleben einer bestimmten Situation

- die Bedrohung kann wirklich existent, aber auch vermeidlich sein

- das Erleben einer Angst ist grundsätzlich mit physiologischen Vorgängen verbunden, wie z. B. Magendrücken, Zittern, Erröten, Schweißabsonderung und Atembeschleunigung

- Angst beeinflusst unser Verhalten, sie kann es aktivieren, aber auch lähmen

- Angst kann zu Passivität führen oder aber auch Vermeidungsverhalten auslösen

- im ersten topischen Modell wurde davon ausgegangen, dass Angst durch Verdrängung entsteht

- im zweiten topischen Modell wird die Angst zur Voraussetzung der Verdrängung und aller anderen Abwehrmechanismen

- die Angst ist nun nicht mehr im ES zu suchen, sondern an das ICH gebunden

- nach Freud entsteht Angst immer dann, wenn das ICH durch Reize überflutet wird, die es nicht mehr bewältigen kann

- es gelingt dem ICH nicht mehr, zwischen den konkurrierenden Ansprüchen des ES, des ÜBER-ICHs und der Realität/Umwelt zu vermitteln

- Freud unterscheidet drei Grundformen der Angst:

  1. Realangst = Flucht

     ⇒ bei Reizen aus der Umwelt, die subjektiv oder objektiv Gefahr anzeigen, resultiert die Realangst

     ⇒ Konflikt: ICH – Umwelt

  2. neurotische Angst = Angstneurose oder Ängstlichkeit

     ⇒ können Triebimpulse des ES nicht ausreichend abgewehrt werden, entsteht neurotische Angst

     ⇒ die Neurose ist ein chronischer Zustand

     ⇒ Konflikt: ICH – ES

3. moralische Angst = Gewissensangst

⇒ das ICH kann die Ansprüche des ÜBER-ICHs nicht erfüllen

⇒ die Triebwünsche verstoßen gegen übermächtige Gebote/Verbote des ÜBER-ICHs

⇒ Konflikt: ICH – ÜBER-ICH

2.6 Abwehrmechanismen des ICHs

- um mit der Angst fertig zu werden bzw. sie abzuwehren, entwickelt das ICH Abwehrmechanismen gegen angstauslösende Triebimpulse

Verdrängung

⇒ hier werden angstauslösende Impulse ins Unbewusste gedrängt

⇒ dort existieren sie aber weiter und müssen durch andere Abwehrmechanismen im Zaum gehalten werden

Abwehrmechanismen der Realangst

Verleugnung

⇒ Schutz vor einer unangenehmen Wirklichkeit durch die Weigerung, sie wahrzunehmen

Rationalisierung

⇒ eigenes, inakzeptables Verhalten wird so dargestellt, dass es akzeptabel erscheint (Rechtfertigung)

Abwehrmechanismen der moralischen Angst

Regression

⇒ Rückzug auf eine frühkindliche Entwicklungsstufe, erkennbar an entsprechendem unreifen Verhalten

⇒ Beispiel: Angst im Dunkeln führt zum Daumenlutschen

Kompensation

⇒ Verhüllung einer Schwäche durch Überbetonung eines erwünschten Charakterzuges

⇒ Frustration auf einem Gebiet wird aufgewogen durch übermäßige Befriedigung auf einem anderen Gebiet

⇒ Beispiel: Prüfungen

Introjektion

⇒ Einverleibung äußerer Werte und Standardbegriffe in die ICH-Struktur, so dass das Individuum sie nicht mehr als Drohungen von außen erleben muss

⇒ Beispiel: Sportlehrer und zugleich Raucher ---> lebt gesund, treibt viel Sport, ernährt sich gesund ---> dies ist eine Ausrede dafür, das er trotzdem noch raucht

Abwehrmechanismen der neurotischen Angst

Projektion

⇒ angsterregende Impulse werden anderen Personen unterstellt (auf sie projiziert)

⇒ Beispiel: Fehlpass beim Handball, der eigene Fehler wird auf andere projiziert: „Du hast falsch gestanden"

Verschiebung

⇒ angsterregende Impulse werden auf andere Objekte der Triebbefriedigung verschoben

⇒ Entladung von aufgestauten, gewöhnlich feindseligen Gefühlen auf Objekte, die weniger gefährlich sind als diejenigen, welche die Emotion ursprünglich erregt haben

⇒ Beispiel: Sportliche Höchstleistungen als Folge von Verschiebungsprozessen, da die ursprünglichen Triebimpulse (möglicherweise Sexualbedürfnisse) nicht befriedigt werden konnten

Reaktionsbildung

⇒ die angsterregenden Impulse werden ins Gegenteil verkehrt, so dass sie für das ICH akzeptabel sind

⇒ Beispiel: aus Liebe wird Hass

Tabelle 10.2 Abwehrmechanismen des Ich

Begriff	Definition
Kompensation	Verhüllung einer Schwäche durch Überbetonung eines erwünschten Charakterzuges. Frustration auf einem Gebiet wird aufgewogen durch übermäßige Befriedigung auf einem anderen
Verleugnung	Schutz vor einer unangenehmen Wirklichkeit durch die Weigerung, sie wahrzunehmen
Verschiebung	Entladung von aufgestauten, gewöhnlich feindseligen Gefühlen auf Objekte, die weniger gefährlich sind als diejenigen, welche die Emotion ursprünglich erregt haben
Emotionale Isolierung	Vermeidung traumatischer Erlebnisse durch Rückzug in Passivität
Phantasie	Befriedigung frustrierter Wünsche durch imaginäre Erfüllung (z. B. »Tagträume«)
Identifikation	Erhöhung des Selbstwertgefühls durch Identifikation mit einer Person oder Institution von hohem Rang
Introjektion	Einverleibung äußerer Werte und Standardbegriffe in die Ich-Struktur, so daß das Individuum sie nicht mehr als Drohungen von außen erleben muß
Isolierung	Abtrennung emotionaler Regungen von angstbeladenen Situationen oder Trennung unverträglicher Strebungen durch straffe gedankliche Zergliederung. (Widersprüchliche Strebungen werden zwar beibehalten, treten aber nicht gleichzeitig ins Bewußtsein; man nennt das auch *Kompartmentbildung*)
Projektion	Übertragung der Mißbilligung eigener Unzulänglichkeiten und unmoralischer Wünsche auf andere
Rationalisierung	Der Versuch, sich einzureden, daß das eigene Verhalten verstandesmäßig begründet und so vor sich selbst und vor anderen gerechtfertigt ist
Reaktionsbildung	Angstbeladene Wünsche werden vermieden, indem gegenteilige Intentionen und Verhaltensweisen überbetont und diese als »Schutzwall« verwendet werden
Regression	Rückzug auf eine frühere Entwicklungsstufe mit primitiveren Reaktionen und in der Regel auch niedrigerem Anspruchsniveau
Verdrängung	Verhinderung des Eindringens unerwünschter oder gefährlicher Impulse ins Bewußtsein
Sublimierung	Befriedigung nicht erfüllter sexueller Bedürfnisse durch Ersatzhandlungen, die von der Gesellschaft akzeptiert werden
Ungeschehenmachen	Sühneverlangen für unmoralische Wünsche und Handlungen, um diese damit aufzuheben

Abb. aus: ZIMBARDO (1995, 488)

3 Lerntheorien

- der Begriff „Lernen" wird weit gefasst, man versteht darunter den **Erwerb neuer und/oder die Änderung bestehender Verhaltensweisen** als Folge von Erfahrung und Übung

- das Lernen selbst ist nicht beobachtbar

- unmittelbar beobachtbar ist die Ursache, die diesen Prozess ausgelöst hat und die neue, geänderte Verhaltensweise als Ergebnis des Lernprozesses

- daraus schließen wir dazwischenliegende Lernprozesse, die mit Hilfe von verschiedenen Lerntheorien erklärt werden können

- die bedeutendsten Theorieansätze sind:

1. das klassische Konditionieren
2. das operante Konditionieren
3. das Lernen am Modell

3.1 Das klassische Konditionieren

- Vorabklärung von Begriffen:

⇒ ein Reiz, der zu keiner bestimmten Reaktion führt, wird als neutraler Reiz bezeichnet

= neutral stimulus: NS

⇒ ein Reiz, der ohne vorangegangenes Lernen eine Reaktion auslöst, wird als unbedingter Reiz bezeichnet

= unconditioned stimulus: UCS

⇒ die Reaktion, die auf diesen Reiz folgt, ist die unbedingte Reaktion

= UCR

⇒ ein Reiz, der aufgrund einer mehrmaligen Kopplung mit einem unbedingten Reiz (UCS) die gleiche Reaktion auslöst wie dieser unbedingte Reiz, nennt man bedingten Reiz

= conditioned stimulus: CS

⇒ die Reaktion auf den bedingten Reiz ist die bedingte Reaktion

= CR

Ausgangssituation:

⇒ aus einem Reiz, der zunächst keine bestimmte Reaktion zeigt, wird ein Reiz, der ein bestimmtes Verhalten auslöst, wenn dieser mehrmals mit einem anderen Stimulus, der bereits dieses Verhalten zur Folge hat, gekoppelt wird

⇒ Reiz-Reaktions-Schema

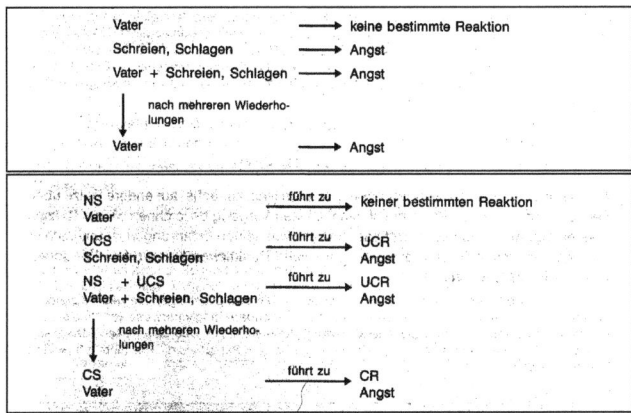

Abb. aus HOBMAIR (1993)

- ‚Schreien' und ‚Schlagen' sind Reize, die als Reaktionen ‚Angst' zur Folge haben, nicht nur bei Kindern

- nehmen wir an, der Vater brüllt das Kind an und schlägt es

- immer dann, wenn er auftritt, brüllt und schlägt er

- er setzt damit immer wieder den gleichen Reiz, das bei dem Kind die Reaktion ‚Angst' hervorruft

- nach mehreren Wiederholungen löst schon der Anblick des Vaters Angst aus

- der neutrale Reiz (NS) verknüpft sich nur dann, wenn beide Reize (Vater + ‚Anschreien' und ‚Schlagen') mehrmals miteinander auftreten

  => Gesetz der Kontiguität

- das **Signallernen** nach PAWLOW zeigt, wie das klassische Konditionieren mittels eines Signals erfolgen kann

  Futter ------------------------> Speichelfluss

  Futter + Glocke -------------> Speichelfluss

Glocke ------------------------> Speichelfluss

- dies ist eine **Konditionierung 1. Ordnung**

- es kann auch ein neues Reiz-Reaktionsschema auf ein bereits gelerntes Reiz-Reaktions-Schema aufgebaut werden

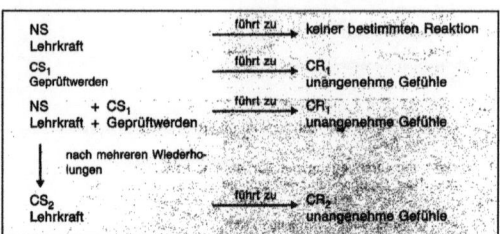

Abb. aus HOBMAIR (1993)

- das Geprüftwerden ist der erste bedingte Reiz, die mit dem neutralen Reiz Lehrkraft gekoppelt wird und es entsteht ein zweiter bedingter Reiz, nämlich die Lehrkraft allein löst dann unangenehme Gefühle aus

- das ist eine **Konditionierung 2. Ordnung**

- Reizgeneralisierung: gelernter Reiz wird auf andere Reize übertragen, die dem gelernten Reiz ähnlich sind

    z. B.　　　- Angst vor Spinnen

    　　　　　- dann auch Angst vor Schlangen

    　　　　　- später Angst vor Tieren

    od. z. B.　- Angst vor brüllendem, schlagendem Vater

    　　　　　- dann auch Angst vor allen männlichen Personen

- Reizdifferenzierung: erst allmählich lernt das Kind zu unterscheiden zwischen ähnlichen Reizen

    z. B.　　　zwischen schlagendem und brüllendem Vater
    　　　　　und anderen erwachsenen Personen, die dies nicht tun

- Löschung (Extinktion): Verlernen, wenn der UCS längere Zeit ohne den CS auftritt

- Konditionierung mit appetitiven Reizen: für den Organismus positiver Wert

- Konditionierung mit <u>aversiven</u> Reizen: versucht das Individuum zu vermeiden (negativer Wert)

3.2 Instrumentelle/operante Konditionierung: Lernen über Konsequenzen (DOLLARD & MILLER, SKINNER)

- beim klassischen Konditionieren lernt man ein Signal zu nutzen, das etwas wichtiges in der Umwelt vorhersagt

- oft aber ist es wichtiger, eine Reizkontrolle zu erlernen

- um einen Reiz zu kontrollieren oder vorherzusagen, muss man lernen, wie man erwünschte <u>Konsequenzen</u> hervorruft und unerwünschte gering hält

- beim Auftreten eines unkonditionierten Reizes (UCS) und einer unkonditionierten Reaktion (UCR) wird zusätzlich ein Verstärker eingesetzt

  – Belohnung oder Bestrafung –

- z. B. Experiment:

⇒ Ratten laufen durch ein Labyrinth;

⇒ suchen unter vielen anderen Stellen auch Stelle X auf

⇒ dort erhalten sie eines Tages Futter;

⇒ Stelle X ---------------------------------> keine Reaktion

⇒ Stelle X + Futter ------------------------> angenehmer Zustand

⇒ das Futter ist der Verstärker;

⇒ nach der Fütterung wird es wahrscheinlicher, dass die Ratten die Stelle X gezielt aufsuchen;

⇒ das Futter wirkt an der Herstellung dieser Reiz-Reaktions-Kette „instrumentell" mit; es ist verantwortlich für den angenehmen Zustand

- folgende Aussagen lassen sich zusammenfassen:

- <u>Gesetz der Bereitschaft:</u> gelernt wird nur, wenn die Bereitschaft zum Lernen vorliegt

- das ist in der Regel der Fall, wenn ein Bedürfnis vorliegt, das im Individuum eine bestimmte Spannung erzeugt bzw. wenn ein angenehmer Zustand hergestellt und aufrechterhalten oder ein unangenehmer Zustand vermieden, beseitigt oder vermindert werden kann

- Effektgesetz: Verhaltensweisen, die zum Erfolg führen, werden wieder gezeigt bzw. Verhaltensweisen, die nicht zum Erfolg führen, werden nicht wieder gezeigt

- wird ein Kind z. B. gelobt und bekommt es Zuwendung, wenn es sich selbständig anzieht, so wird es auch in Zukunft versuchen, sich selbständig anzuziehen

- würde dagegen das Kind mit dem selbständigen Anziehen nicht zum Erfolg kommen, würde es diese Verhaltensweise nicht mehr zeigen

- Prinzip der Verstärkung: eine Verhaltensweise wird häufiger auftreten und erlernt, wenn durch sie ein angenehmer Zustand herbeigeführt wird oder ein unangenehmer beseitigt wird

Gelernt wird	durch positive Verstärkung	durch negative Verstärkung
das Schreien	Das Kind bekommt Zuwendung, wenn es schreit.	Durch Schreien kann das Kind das Alleinsein vermeiden.
das Lächeln	Durch das Lächeln kommt das Kind bei seinen Eltern gut an.	Durch das Lächeln kann das Kind andere Menschen „entwaffnen".
das Schule-schwänzen	Durch das Schwänzen ist es mir möglich, im Cafe einige nette Freunde zu treffen.	Durch das Schwänzen kann ich der unangenehmen Situation des Geprüftwerdens entgehen.

Abb. aus HOBMAIR (1993)

- so kann das Kind z. B. Schreien erlernen, wenn es dadurch die Zuwendung seiner Eltern herbeiführt (angenehmer Zustand) oder aber wenn es damit dem für ihn unangenehmen Zustand entgehen kann, allein sein zu müssen (unangenehmer Zustand)

- die Zuwendung nennt man **positiven Verstärker**, das Alleinsein-Müssen ist ein **negativer Verstärker**

- das Prinzip der Verstärkung meint den Vorgang, bei dem ein Verhalten, das angenehme Konsequenzen herbeiführt

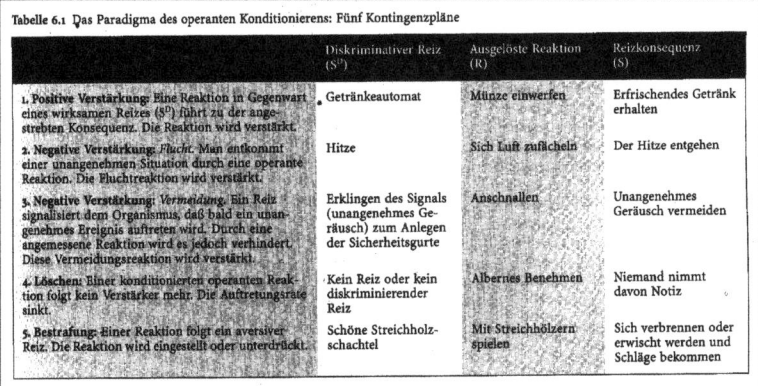

Tabelle 6.1 Das Paradigma des operanten Konditionierens: Fünf Kontingenzpläne

	Diskriminativer Reiz (S^D)	Ausgelöste Reaktion (R)	Reizkonsequenz (S)
1. Positive Verstärkung: Eine Reaktion in Gegenwart eines wirksamen Reizes (S^D) führt zu der angestrebten Konsequenz. Die Reaktion wird verstärkt.	Getränkeautomat	Münze einwerfen	Erfrischendes Getränk erhalten
2. Negative Verstärkung: Flucht. Man entkommt einer unangenehmen Situation durch eine operante Reaktion. Die Fluchtreaktion wird verstärkt.	Hitze	Sich Luft zufächeln	Der Hitze entgehen
3. Negative Verstärkung: Vermeidung. Ein Reiz signalisiert dem Organismus, daß bald ein unangenehmes Ereignis auftreten wird. Durch eine angemessene Reaktion wird es jedoch verhindert. Diese Vermeidungsreaktion wird verstärkt.	Erklingen des Signals (unangenehmes Geräusch) zum Anlegen der Sicherheitsgurte	Anschnallen	Unangenehmes Geräusch vermeiden
4. Löschen: Einer konditionierten operanten Reaktion folgt kein Verstärker mehr. Die Auftretungsrate sinkt.	Kein Reiz oder kein diskriminierender Reiz	Albernes Benehmen	Niemand nimmt davon Notiz
5. Bestrafung: Einer Reaktion folgt ein aversiver Reiz. Die Reaktion wird eingestellt oder unterdrückt.	Schöne Streichholzschachtel	Mit Streichhölzern spielen	Sich verbrennen oder erwischt werden und Schläge bekommen

Abb. aus: ASENDORPF (1998)

3.3 2-Phasen-Theorie nach MOWRER (1960)

- MOWRER nimmt an, dass Angstverhalten durch zwei aufeinanderfolgende Lernprinzipien erworben und aufrechterhalten werden:

  1. Erstens durch die klassische Konditionierung und

  2. die anschließende instrumentelle Verstärkung der (motorischen) Vermeindungsreaktion

- die erste Phase ist die o.g. klassische Konditionierung

- in der zweiten Phase wird festgestellt, dass jede Reaktion, die den angstauslösenden bedingten Stimulus (CS) vermeidet, die Angst reduziert (CER)

- eine solche Reaktion ist die Fluchtreaktion

- Reduktion der Angst bedeutet aber eine positive Verstärkung, so dass dadurch die Flucht bzw. Vermeidungsreaktion positiv verstärkt, d. h. ihre Auftretenswahrscheinlichkeit erhöht wird

- Beispiel im Tierbereich: (Experiment 1948):

  MILLER brachte Ratten als Versuchstiere in den hellen Teil eines zweiteiligen Käfigs. Der helle Teil war mit einem Gitter versehen, über dieses Gitter wurde dem Tier aversive Reize in Form von Elektroschocks verabreicht. Da die Fluchtmöglichkeit zunächst genommen war, reagierte die Ratte mit Angstreaktionen (Einkoten, Zittern u.a.). Diese Reaktionen blieben auch erhalten, als die Elektroschocks nicht mehr verabreicht wurden und die Ratten nur noch in den hellen Teil des Käfigs gesetzt wurden.

In einem weiteren Versuchsteil wurde durch eine Schwingtür in einem dunklen Teil des Käfigs dem Versuchstier ein Fluchtweg ermöglicht. Die Ratte lernte sofort, den Elektroschocks durch Flucht zu vermeiden.

Die Angstreaktionen wurden dadurch reduziert. Dieses Fluchtverhalten bleibt auch dann noch lange erhalten, wenn der Elektroschock unterbleibt.

⇒ MILLER konnte zeigen, dass Ratten nach weit über 100 Versuchsdurchgängen die Angstreaktion sehr rasch erlernen können, das das Fluchtverhalten aber gegenüber Löschungsversuchen sehr resistent ist, obwohl kein aversiver unkonditionierter Stimulus mehr auftritt

▪ es konnte auch im Humanbereich festgestellt werden, dass ähnlich wie im Tierbereich motorische Vermeidungsreaktionen bei Menschen sehr lange noch erhalten bleiben, obwohl physiologisch-emotionale Reaktionen (CER) schon lange nicht mehr nachgewiesen werden konnten.

▪ vermutlich spielt dabei die Erwartung eine entscheidende Rolle: wenn eine Person erfahren hat, dass ein bedingter Stimulus mit einem aversiven unbedingten Stimulus auftritt, wird sie auch künftig den aversiven Reiz (Schmerz, Schreck, Misserfolg) erwarten

▪ diese Erwartung kann man aber meiden, wenn man auch den ursprünglich bedingten Stimulus meidet

▪ Beispiel aus dem Sport:

Ein Schüler hat Angst vor einem Turngerät, da er entweder selbst unkonditionierte Stimuli (Schmerz, Misserfolg) erlebt hat oder diese bei anderen beobachtet hat. Da er diese aversiven Reize bei Ausführung einer entsprechenden Übung ebenfalls erwartet., wird er nach möglichen Wegen suchen, diese zu meiden. Dies geschieht entweder dadurch, dass er die Übung völlig meidet oder so modifiziert, damit sie nach seinen bisherigen Erfahrungen keine aversiven Folgen mehr hat. Erst wenn die aversive Erwartung gelöscht ist, wird auch das Vermeidungsverhalten gelöscht.

Wie bereits angedeutet, wird sich das Vermeidungsverhalten nicht nur dadurch ausdrücken, dass der Schüler eine angstauslösende Übung möglichst meidet. Vielmehr wird er sie häufig vereinfachen, modifizieren, falsch oder unvollständig ausführen.

- auch solche Verhaltensweisen sind als motorische Vermeidungsstrategien zu interpretieren

- einem solchen Verhalten lässt sich nach dieser lerntheoretischen Erklärung am wirkungsvollsten dadurch begegnen, dass die Erwartung des angstauslösenden Reizes gelöscht wird

- handelt es sich im Sportunterricht um Schmerz- oder Schreckreize, wird dies im allgemeinen durch eine Hilfestellung zu erreichen sein

- dies verdeutlicht dem Schüler, dass das Risiko des schmerzauslösenden Reizes auf ein Minimum reduziert wird

3.4 Beispiele

```
Sirene ---------------------------------------------> keine Reaktion
NS
Sirene + einstürzende Häuser, Tote ------> Angst
NS + UCS ---------------------------------------------> UCR
Sirene ---------------------------------------------> Angst
CS ---------------------------------------------> CR
```

```
Tadel des Lehrers -------------------------------> keine Reaktion
NS
Tadel + Anschreien, Schlagen --------------> Angst
NS + UCS ---------------------------------------------> UCR
Tadel des Lehrers -------------------------------> Angst
CS ---------------------------------------------> CR
```

```
Stirnrunzeln ---------------------------------------------> keine Reaktion
NS
Stirnrunzeln + Tadel des Lehrers ----------> Angst
NS + UCS ---------------------------------------------> UCR
Stirnrunzeln ---------------------------------------------> Angst
CS ---------------------------------------------> CR
```

```
Überspringen des Bockes --------------------> keine Reaktion
NS
Überspringen + Schmerz ---------------------> Angst
NS + UCS ---------------------------------------------> UCR
Überspringen ---------------------------------------------> Angst
CS ---------------------------------------------> CR
```

```
Schwimmen im Wasser --------------------> keine Reaktion
NS
Schwimmen + Verschlucken --------------> Angst
NS + UCS ---------------------------------------> UCR
Schwimmen im Wasser --------------------> Angst
CS$_1$ ----------------------------------------------> CR$_1$
Wasser -------------------------------------------> Angst
CS$_2$ ----------------------------------------------> CR$_2$
```

Literatur

Bücher

ASENDORPF, J.B.: Psychologie der Persönlichkeit. Grundlagen, Berlin 1996, Seite 13-22

FISSENI, H.-J.: Persönlichkeitspsychologie. Auf der Suche nach einer Wissenschaft. Ein Theorienüberblick, 4., überarbeitete und erw. Aufl., Göttingen, Bern, Toronto, Seattle 1998, Seite 31-42 und 412-417

FLAMMER, A.: Entwicklungstheorien. Psychologische Theorien der menschlichen Entwicklung. Bern, Stuttgart, Toronto 1988, Seite 74-80 und 82-84

FREUD, S.: Hysterie und Angst. Studienausgabe, Bd. VI., Frankfurt/M. 1971, Seite 27-49

FUHR, R./GREMMLER-FUHR, M.: Faszination Lernen. Transformative Lernprozesse im Grenzbereich von Pädagogik und Psychotherapie. Köln 1988, Seite 191-217

HACKFORT, D./SCHWENKMEZGER, P.: Angst und Angstkontrolle im Sport. Sportrelevante Ansätze und Ergebnisse theoretischer und empirischer Angstforschung. Herausgegeben v. J.-R. NITSCH, Sonderband 1, betrifft Psychologie & Sport. Köln 1980, Seite 90-110

HOBMAIR, H. (Hrsg.): Psychologie. Köln 1993, Seite 375-385

KATZENSTEIN, A./SITTE, E.: Angst. Wesen – Entstehung – Bewältigung. Berlin 1989, Seite 7-12 und 31-43

WEIDENMANN, B./KRAPP, A. (Hrsg.): Pädagogische Psychologie. Ein Lehrbuch. Weinheim 1994, Seite 255-265

ZIMBARDO, P.-G.: Psychologie. Herausgegeben v. SIEGFRIED HOPPE-GRAFF und BARBARA KELLER, 6. Aufl., Heidelberg 1995, Seite 263-289 und Seite 485-492

Internet

http://www.uni-magdeburg.de/ispw/beweg/StuckeVorlesungen.htm

http://www.sportpaedagogik-online.de/stwaf.html